감사
Gratefulness

다른 사람이 나에게 어떤 도움이 되었는지
인정하고 말과 행동으로 고마움을 표현하는 것

Showing thanks for a helpful hand or a kind gesture.

행복이란 '심신의 욕구가 충족되어 조금도 부족함이 없는 상태'를 말합니다.

행복한 사람은 자신의 삶에 만족할 줄 알고 감사하는 마음으로 인생을 즐기는 것이 특징이지요. 행복을 느낄 때 동반되는 정서기능은 즐거움, 사랑, 희망, 감사 등의 긍정적인 정서입니다.

행복은 감사의 성품으로부터 시작됩니다. 공부해야 한다는 강박관념이나 스트레스가 아니라, 감사를 통해 행복한 상태를 유지하면 인지능력이 확장되고 창의적인 문제해결능력을 갖게 되어, 자신의 삶을 성공적으로 구축해 나갈 수 있게 됩니다. 내게 있는 어려움을 오히려 감사로 받아들이는 적극적인 자세가 성공의 지름길이 되는 것이지요.

감사란 다른 사람이 니에게 이떤 도움이 되었는지 인정하고 밀과 행동으로 고마움을 표현하는 것(좋은나무 성품학교 정의)입니다.

감사하는 사람은 지도자가 됩니다. 지도자는 현실을 바라보는 사람이 아니라 미래의 상황을 볼 줄 아는 사람입니다. 감사하는 사람은 현실에 만족함이 없어도 앞으로 될 현상을 그려 볼 줄 아는 믿음이 있기 때문에 감사하게 됩니다. 그래서 감사하는 사람의 주변에는 늘 사람들이 있게 마련이지요. 지도자의 자격은 어려움 속에서도 감사할 수 있는 것입니다.

이 책은 감사가 무엇인지 알고, 감사를 표현함으로써 신뢰감과 정서적 안정감을 형성하고, 높은 사회성을 가진 성품리더가 되는 것을 목표로 했습니다. (사)한국성품협회 틴틴스쿨을 통해 감사의 성품으로 행복한 여러분이 되길 기대합니다.

사단법인 한국성품협회

좋은나무성품학교 대표

이영숙 박사 드림

Contents

06 이 책은 이렇게 구성되었습니다

07 한눈으로 보는 「감사」 성품교육

08 10분 Happy Time

09 Opening Lesson

11 Lesson 1 – 환경인가? 성품인가?
성품이 궁금해요

15 Lesson 2 – 감사란 무엇일까요?
성품이 궁금해요

19 Lesson 3 – 감사의 위력
성품이 궁금해요

23 Lesson 4 – 감사는 성공의 문
성품이 궁금해요

29 Lesson 5 – 와! 이렇게 감사할 것이 많아?
성품이 궁금해요

33 Lesson 6 – 불평 vs 감사
성품이 궁금해요

37 Lesson 7 – 감사의 조건
성품이 궁금해요

41 Lesson 8 – 영화 속 감사
성품이 궁금해요

1. 10분 Happy Time

성품 수업을 시작할 때 10분씩 지시대로 말하고 행동해 보세요.
성품 수업이 없는 날에도 매일 10분씩 말과 행동을 반복해 보세요.
반복하여 생각하고, 말하고, 행동하다 보면 어느새 나도 좋은 성품의 모습을 가진 사람으로 변해 있을
것입니다.

2. Story Telling(ST)

주제 성품에 관한 짧은 글입니다. 이야기를 읽으며 주제 성품의 정의, 태도를 구체적으로 발견할 수 있게
됩니다.

3. Think Tank(TT)

질문에 대한 대답을 생각해 보고 글로 표현하다 보면, 내 생각 속에 주제성품의 의미를 정리해 볼 수 있게
됩니다.

4. Real Action(RA)

활동을 적극적으로 실천해 보세요. 기쁨의 내용을 한 번 두 번 말하고 행동하다 보면, 습관이 되고 나의
성품으로 표현할 수 있게 될 것입니다.
옆에 있는 친구나 가족, 선생님과 함께 활동하면서 더 좋은 관계를 맺을 수 있습니다.

5. 성품이 궁금해요(Q&A)

성품에 대해 궁금해 하는 여러분들을 위해 성품에 대한 이해를 도울 수 있도록 이영숙 박사와 함께 하는
성품 Q&A 시간입니다.

부록 : 성품독서기록장

좋은 성품은 좋은 책을 통해 배울 수 있습니다. 나의 생각, 감정, 행동을 변화시킬 수 있는 좋은 책들을
읽고 기록해 보세요.

	주 제	영 역	활 동 내 용
1	환경인가? 성품인가?	ST TT RA Q&A	아우슈비츠 수용소에서의 감사 어려운 상황에서 좋은 성품으로 감사를 선택하기 빅터프랭클과의 대화 나의 감사지수 GQ
2	감사란 무엇일까요?	ST TT RA Q&A	새로운 지평을 여는 문 '감사' 감사함으로 받지 못한 것들에 대한 감사 1)감사의 정의 외우기 2)감사의 대상 감사의 태도 연습
3	감사의 위력	ST TT RA Q&A	백만 번의 감사가 담긴 과자 '감사합니다'의 비밀 세계의 감사 인사말 1)감사의 법칙 2)산울림의 법칙
4	와! 이렇게 감사할 것이 많아?	ST TT RA Q&A	오프라 윈프리의 감사 어려운 환경을 감사로 바꾼 비결 감사일기 쓰기 1)감사와 웃음 2)웃음으로 병을 치료한 노먼 커즌스
5	감사는 성공의 문	ST TT RA Q&A	카네기 처세술의 핵심은 '감사' 카네기의 성공 비결 Thank You Card 카드 만들기 행복한 관계맺기(Building Bridges)의 비밀 - TAPE요법
6	불평 VS 감사	ST TT RA Q&A	1)가난한 농부의 불평 2)벼룩도 감사한 코리 텐 붐 불평하고 원망했던 것에 대한 감사 도저히 감사할 수 없다고 생각한 것에 대한 감사 감사의 유익
7	감사의 조건	ST TT RA Q&A	지구가 100명의 마을이라면 괴롭다고 생각한 것들을 감사로 바라보기 감사한 기관을 찾아 감사를 표현하기 감사의 성품매너-성품인사
8	영화 속 감사 (홀랜드 오퍼스)	ST TT RA Q&A	홀랜드 오퍼스(Mr. Holland's Opus) 영화 속 감사의 표현 1)영화 댓글 2)나만의 감사표현 3)감사 음악회 세계 여러 나라의 감사축제

* ST = (Story Telling), TT = (Think Tank), RA=(Real Action), Q&A = (성품이 궁금해요)

* 성품교육을 시작하기 전 10분씩 글을 읽으며 지시에 따라 말하고, 행동해 봅시다.

손으로 머리를 쓰다듬으며 / "나는 행복한 사람이에요"　　"나는 행복한 사람이에요"

손을 가슴에 대고 / "나는 참 멋진 아이야"　　"나는 참 멋진 아이야"

손으로 얼굴을 감싸며 / "나는 정말 소중해"　　"나는 정말 소중해"

손으로 어깨를 두드리며 / "나의 미래는 밝아"　　"나의 미래는 밝아"

옆 친구를 바라보며 / "다 잘될거야"　　"다 잘될거야"

다른 친구를 바라보며 / "너는 참 소중해"　　"너는 참 소중해"

다른 친구를 바라보며 / "항상 너에게 고마워"　　"항상 너에게 고마워"

선생님을 바라보며 / "선생님 항상 감사합니다"　　"선생님 항상 감사합니다"

선생님이 학생들에게 / "얘들아 고맙다! 사랑한다"　　"얘들아 고맙다! 사랑한다"

친구들과 손을 잡고 / "오늘 하루가 감사하고 즐거워"　　"오늘 하루가 감사하고 즐거워"

감사의 얼굴

밝은 표정, 명랑한 목소리로!

상대방의 눈을 바라보며 "감사합니다"

감사의 웃음

손으로 얼굴 근육을 문지르면서 배에서부터 나오는 큰 소리로

"우하하하"　　"우하하하"　　"우하하하"

감사의 태도

자신의 이름을 부르면서 "OO야, 고마워. 사랑해"

친구의 이름을 부르면서 "OO야, 고마워. 사랑해"

감사의 법칙

"내가 OO할 때, 네가 OO해 줘서 OO했어. 정말 고마워"

다같이 크게 읽어 봅시다

감사란 다른 사람이 나에게 어떤 도움이 되었는지 인정하고 말과 행동으로 고마움을 표현하는 것.

Showing thanks for a helpful hand or a kind gesture.

* 아래의 질문에 간단하게 답해봅시다.

1. 내가 생각하는 감사란 무엇입니까?

2. 감사의 반대말은 무엇이라고 생각합니까? 그 이유는 무엇입니까?

3. 내가 가장 감사할 때는 언제입니까? 그 이유는 무엇입니까?

4. 내가 가장 불평할 때는 언제입니까? 그 이유는 무엇입니까?

5. 감사한 마음을 표현할 수 있는 방법에 대해 알아봅시다.

언제 감사해야 할까요?

1) 좋은 일이 생겼을 때, 왜?

2) 다른 사람이 내게 친절을 베풀어 주었을 때, 왜?

3) 어려운 일이 생겼을 때, 왜? 그 어려움을 통해 내가 성장하기 때문입니다.

4) 아무리 노력해도 상대방이나 환경이 변화되지 않을 때, 왜?

국가나 부모와 같이 변화를 시도해도 바꿀 수 없는 것들은 감사의 조건입니다.

감사를 표현할 수 있는 방법은

1) 감사의 입으로   2) 감사의 마음으로

3) 감사의 손으로   4) 감사의 미소로

나만의 특별한 감사 표현 방법은

Lesson 1 – 환경인가? 성품인가?

• 훈련된 성품은 어려운 상황에서
빛을 발합니다.
좋은 성품은 좋은 생각, 좋은 감정,
좋은 행동으로 표현됩니다.

감사하는 마음은 가장 위대한
미덕일 뿐만 아니라
다른 모든 미덕의 근원이 된다.

– 키케로 –

Story Telling | 아우슈비츠 수용소에서의 감사

"뜨는 해와 지는 해를 바라볼 수 있다면, 나는 감사할 뿐이다."

빅터 프랭클 박사는 오스트리아에서 태어난 유태인으로 제 2차 세계대전 때 유대인 수용소인 아우슈비츠에 갇혔다가 살아남았습니다. 신경 정신과 의사였던 그는 1942년에 부모님과 아내, 형제, 친구들과 함께 기차에 실려 아우슈비츠로 끌려갔지요. 그곳에서 가족과 친구를 잃고 고통과 모욕 속에 하루하루를 지낸 빅터 프랭클은 책으로 내려고 했던 소중한 원고를 독일군에게 빼앗기고 언제 죽음의 가스실로 끌려가게 될지 모르는 두려움과 불안함 속에 몹시 절망했습니다.

그때 누군가 빅터 프랭클이 입을 죄수복을 건네 주었는데, 그 옷 안에 작은 종이 쪽지가 있었습니다. 거기에는 'Love the Lord your God with all your heart and with all your soul and with all your mind.'라고 쓰여 있었지요. 그는 이 구절을 보는 순간 벼랑 끝에 설지라도 열심히 살아서 삶의 목적을 찾아야겠다는 결심을 했습니다. 그리고 인간으로서 존엄성을 잃지 않기 위해 노력했습니다.

당시 아우슈비츠에 갇힌 유대인들은 견디기 힘든 중노동 속에 제대로 먹지도 못하고, 씻기는 커녕 마실 물조차 얻기 어려운 실정이었습니다. 빅터 프랭클은 하루에 한 컵씩 배급되는 물을 반만 마시고 나머지 물로 세수를 하면서 유리조각으로 면도를 했습니다. 턱없이 부족한 물로 세수를 하려니 깨끗하게 되지 않고 유리에 베이기도 했지만, 그는 씻는 것과 면도를 게을리 하지 않았습니다. 그리고 결코 낙담하거나 절망적인 말을 입에 담지 않았습니다.

다른 유대인들은 가축 우리처럼 지저분한 숙소에서 병약해진 몸으로 모든 희망을 잃은 채 동물처럼 살아갔습니다. 하지만 빅터 프랭클은 인간이기를 포기하지 않고 하루하루 살아 있다는 것에 감사하면서 건강하게 정돈된 모습을 유지했습니다. 빅터 프랭클의 결연한 의지 덕분에 그는 죽음의 가스실로 붙들려 가는 일을 면할 수 있었습니다. 그리고 끝까지 살아 남아서 아우슈비츠에서 해방될 수 있었지요.

빅터 프랭클이 죽음의 수용소에서 살아남을 수 있었던 이유는 무엇일까요? 언제 죽을지 모르는 두려운 상황, 견디기 어려운 지독한 환경에서도 빅터 프랭클은 살아있음에 대한 감사를 잃지 않았습니다. 수용소 담벼락 너머로 뜨는 해를 보며 감사하고, 아름다운 일몰을 보며 또 감사했습니다. "뜨는 해와 지는 해를 바라볼 수 있다면, 나는 감사할 뿐이다."라고 감사를 고백한 빅터 프랭클은 결국 수용소의 생활을 마지막까지 잘 이겨내고 살아나왔습니다. 빅터 프랭클 박사는 전쟁이 끝난 후 훌륭한 의사로서 로고테라피(의미치료)라는 심리치료 이론을 만들어 많은 사람들에게 도움을 주었습니다.

[Think Tank]

1. 빅터 프랭클의 아우슈비츠처럼 나에게 힘겹게 느껴지는 상황은 무엇인가요?

2. 그 속에서 내가 빅터 프랭클이라면 어떤 행동을 선택할 수 있는지 생각해 보세요.

[Real Action]

1. 어려운 환경을 감사의 성품으로 이겨낸 빅터 프랭클에게 문자로 말을 걸어 보세요. 지금 내가 겪고 있는 어려움을 털어놓고 어떻게 감사로 극복할 것인지 이야기해 보세요.

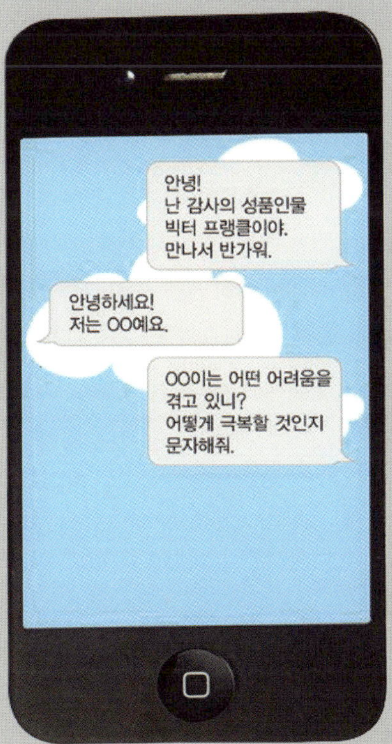

? 성품이 궁금해요

나의 감사지수 GQ (Gratitude Quotient) 자가진단검사

다음은 맥클러 박사와 에몬스 박사가 1200 명에게 실시했던 설문조사 내용입니다.
각 문항에서 자신의 행동을 나타내는 정도에 따라 점수를 표시하세요.

[채점 방법]
7점 매우 그렇다, 6점 그렇다, 5점 약간 그렇다, 4점 보통이다
3점 약간 그렇지 않다, 2점 그렇지 않다, 1점 전혀 그렇지 않다

번호	항목	점수
1	나는 삶 속에서 감사할 것이 아주 많다.	
2	세상을 바라보면 감사할 것들이 주위에 많은 것 같다.	
3	내가 감사할 목록을 작성한다면 아주 길 것이다.	
4	나는 누구에게나 감사를 잘 하는 편이다.	
5	나이가 들수록 어떤 일이나 상황, 또는 사람에 대해 감사가 늘어날 것 같다.	
6	나는 어떤 일이나 사람에 대해 감사할 때 망설이지 않는 편이다.	

위의 진단에서 표시한 항목의 모든 점수를 합산하여 총점을 구한 뒤, 아래의 진단기준 중 어디에 해당하는지 살펴보세요.

- **6~31점에 해당하는 사람은,** 감사에 별 관심이 없는 사람입니다.
  감사의 태도를 계속적으로 연습할 필요가 있습니다.
- **32~39점에 해당하는 사람은,** 조금만 노력하면 모든 일에 감사하는 성품으로 바뀌게 될 것입니다.
감사하는 훈련을 해 보세요.
- **40~42점에 해당하는 사람은,** 삶 속에서 어떤 일을 하던지 범사에 감사하는 삶을
  살고 사람들과도 좋은 관계를 맺고 있는 사람입니다. 더욱 감사하며 이 상태를 계속
  유지하세요.

Lesson 2 – 감사란 무엇일까요?

• 감사란
다른 사람이 나에게 어떤 도움이
되었는지 인정하고 말과 행동으로
고마움을 표현하는 것입니다.
(이영숙, 2005)

> 불행할 때 감사하면
> 불행이 끝이 나고,
> 형통할 때 감사하면
> 형통이 연장된다.   - 스펄전 -
>
> 감사함으로 받으면
> 버릴 것이 없나니   - 성경 -

Story Telling | 새로운 지평을 여는 문 '감사'

내셔널(National)과 파나소닉(Panasonic)의 설립자인 마쓰시타 고노스케(1894~1989)는 일본식 경영의 창시자라고 불립니다. 그는 자신이 성공한 비결을 3가지 은혜 덕분이라고 말했지요. 첫째는, 너무 가난하고 고생스러운 인생의 쓴맛을 일찍이 어린 나이에 맛보았기 때문에 겸손을 배울 수 있었던 것이고, 둘째는 천성적으로 몸이 약한 탓에 평생 운동으로 규칙적인 삶을 살게 된 것, 셋째는 초등학교도 졸업하지 못한 짧은 학력 때문에 세상의 모든 사람들을 스승으로 여기며 배운 것이라고 말합니다.

이처럼 감사는 인생의 숨겨진 보물과도 같습니다. 감사하는 사람은 더 큰 감사를 만드는 기적을 경험하게 되지요. 감사란 '다른 사람이 나에게 어떤 도움이 되었는지 인정하고 말과 행동으로 고마움을 표현하는 것'(좋은나무성품학교 정의)입니다. 고난과 아픔이 어떤 사람에게는 재앙으로 다가오지만 감사의 성품을 소유한 사람에게는 축복으로 돌아옵니다.

고대 그리스 철학자인 에픽테투스(Epictetus)는 "인간은 사건이 아니라, 그 사건을 바라보는 관점 때문에 고통을 당한다"고 말했습니다. 성경은 "하나님께서 지으신 모든 것이 선하매 감사함으로 받으면 버릴 것이 없나니"라고 말합니다. 내 힘으로 바꿀 수 있는 것은 '인내'로 변화시키고, 바꿀 수 없는 것은 과감히 '감사'로 받아들이는 자세가 바로 행복의 비결이 됩니다. 감사함으로 받기 시작하면 아무것도 버릴 것이 없는 새로운 행복의 문이 열리게 되는 것이지요.

사회학습이론(Social-Learning Theory)으로 영향력 있는 심리학자 반듀라(Albert Bandura)는 사람의 생각과 행동, 그리고 환경이 상호영향을 미친다는 상호결정론(reciprocal determinism)을 주장했습니다. 상호결정론은 세 요소 중 한 가지가 바뀌면 나머지 두 요소도 자동적으로 영향을 받아 변화된다는 이론입니다.

다시 말해, 늘 비판적으로 생각하는 사람은 주변 사람들에게 부정적인 말(행동)을 하게 되고, 이것이 반복될수록 주위에 이와 유사한 생각을 하는 사람들(환경)이 모인다는 것입니다. 이것은 다른 각도에서 살펴보면, 환경이 부정적이어서 부정적인 말과 부정적인 생각을 가지게 되기도 하고, 부정적인 말을 하다 보니 환경과 생각이 부정적이 되기도 한다는 것이지요.

감사의 리더십을 소유한 지도자는 자신과 주변 사람들에게 감사의 위력을 발휘한답니다. 감사의 생각과 감사의 말로 감사하는 환경을 만들어 갑니다. 감사와 행복을 좋아하는 사람들이 공동체에 모이고, 공동체는 훨씬 더 행복해집니다. 지도자가 표현한 감사가 메아리가 되어 좋은 성품의 리더십으로 나타납니다.

감사는 내가 무엇을 선택할 것인가의 문제입니다. 수많은 환경 속에서 감사를 선택할 것인가, 불평을 선택할 것인가 기로에 섰을 때, 감사를 표현해 보세요. 부모님께, 선생님과 친구들에게 전하는 감사는 메아리가 되어 나에게 더 큰 축복으로 돌아오게 된답니다.

[Think Tank]

1. '다른 사람이 나에게 어떤 도움이 되었는지 인정하고 말과 행동으로 고마움을 표현하는 것' 이 바로 감사입니다. 나와 환경에 대해 감사함으로 받지 못했던 것은 어떤 것들이 있는지 적어 보세요.

[Real Action]

1. 감사의 영어정의를 외워 봅시다

    Showing thanks for a helpful hand or a kind gesture.

2. 내가 감사하고 싶은 대상을 찾아, 감사의 목록을 완성해 보세요.

    ex. 부모님 – 나를 위해 수고도 마다하지 않으시고, 사랑해 주셔서 감사하다.

    1)

    2)

    3)

    4)

    5)

? 성품이 궁금해요

[감사의 태도는 어떻게 키울 수 있나요?]

• 나에게 도움을 준 사람들에게 말과 행동으로 고마움을 구체적으로 표현합니다.

• 내가 겪는 어려움을 통해 나 스스로가 더 성장할 것을 기대하며 감사하는 마음을 가집니다. 어려운 때일수록 감사가 빛나지요. 더 이상 감사를 찾아낼 수 없는 환경에도 불구하고 그 속에서 감사할 거리를 찾아내는 사람이 리더가 됩니다.

• 내가 가진 모든 것(사람, 물건, 어려움 등)을 만족해하며 소중히 여깁니다. 내가 가진 것을 소중하게 여길 때 그 속에 감사함이 있습니다. 그것이 우리를 행복하게 합니다.

• 감사의 얼굴, 감사의 웃음, 감사의 태도를 실천합니다.

〈감사의 얼굴〉은 밝은 표정, 명랑한 목소리로, 상대방의 눈을 바라보며 "감사합니다"라고 말하는 것입니다. 이런 모습이 익숙하지 않아 어색하겠지만 감사의 표현은 매일 연습해야 합니다.

〈감사의 웃음〉은 얼굴의 모든 근육을 풀고, 풍선처럼 입안 가득 공기를 집어넣고 손으로 얼굴 근육을 문지르면서 배에서부터 나오는 큰 소리로 "우하하하" 웃는 것입니다. 하루에 딱 3번만 이렇게 해 보세요. 감사하는 사람이 성공하고 건강한 이유는 참 잘 웃기 때문입니다.

〈감사의 태도〉는 나와 다른 사람들의 행동을 격려하고 칭찬하는 것입니다. 모든 일을 감사하는 태도로 실천해 보세요.

Lesson 3 – 감사의 위력

• 산에서의 외침이
메아리가 되어 돌아오듯이,
내가 표현한 작은 감사는
나에게 큰 축복으로 돌아옵니다.

감옥과 수도원의 공통점은 세상과 고립되어
있다는 것이다. 딱 하나 차이가 있다면 그곳에
있는 사람들이 불평불만을 하느냐 감사한
마음을 가지느냐이다. 감옥이라도 감사한
마음을 가지면 수도원이 될 수 있다

- 마쓰시타 고노스케 -

 Story Telling | 백만 번의 감사가 담긴 과자

일본의 계란과자로 유명한 다케다 제과(竹田製菓)의 다케다 와헤이(竹田和平) 회장은 일본에서 손꼽히는 대부호입니다. 그가 영향력 있는 부자가 되기까지는 사고의 발상을 전환한 몇 가지 비밀이 숨겨져 있지요.

다른 경쟁사는 과자를 만드는데 불량 계란을 사용하기도 했지만, 다케다 제과는 일반 계란보다 3배나 비싼 북해도산 토종닭 유정란 만을 고집했습니다. 이러한 최고의 품질과 다케다 회장의 신념은 고객들의 마음을 사로잡기에 충분했습니다. 결국 1965년 일본 내 과자시장을 60%이상 점유하게 되었지요.

다케다 제과가 과자시장을 거의 독식할 수 있었던 또 하나의 비밀이 있었습니다. 바로 직원들이 과자를 향해 "감사합니다"라고 외치는 것이었지요. 제품을 만드는 사람의 행복한 마음과 감사의 마음을 정성을 다해 과자에 담는 것이었습니다.

다케다 제과의 공장에서는 24시간 동안 "감사합니다, 감사합니다."라는 말이 녹음되어 나옵니다. 과자 하나가 출하될 때까지 "감사합니다"라는 말이 백만 번이나 과자 속에 들어가는 것입니다. 이러한 노력과 정성 덕분에 계란과자의 판매는 폭발적으로 증가하게 되었습니다.

다케다 회장은 만나는 사람마다 하루에 3천 번씩 감사하다는 말을 외치라고 권합니다. 감사하다는 말을 표현하면 자연스레 웃는 얼굴이 되고 그러면 몸과 마음이 건강해 진다는 것이지요.

이처럼 감사란. 다른 사람이 나에게 어떤 도움이 되었는지 인정하고 말과 행동으로 고마움을 표현하는 것(좋은 나무성품학교 정의)입니다.

생명이 없다고 여겨지는 과자에 감사하다는 말을 하자 판매가 급증하게 되었습니다. 하물며 우리가 만나는 존귀한 한 생명 한 생명에게 감사를 표현한다면 어떤 일이 벌어지게 될까요?

[Think Tank]

1. 다케다 제과의 과자가 인기를 얻은 이유는 무엇일까요?

2. 만약 다케다 와헤이 회장의 말처럼 하루에 3천 번씩 다른 사람들에게 '감사합니다' 를 이야기한다면, 나의 삶은 어떻게 변화될까요?

[Real Action]

1. 세계 여러 나라에서 사용하는 '감사 인사말' 을 찾아 보고, 옆 사람과 감사의 인사를 나눠 보세요.

일본	미국
중국	이탈리아
프랑스	독일

? 성품이 궁금해요

[감사의 법칙]

감사란 다른 사람이 나에게 어떤 도움이 되었는지 인정하고 말과 행동으로 고마움을 표현하는 것(좋은나무 성품학교 정의)입니다. 감사한 것을 정확히 알고, 나에게 어떻게 도움이 되었는지 자세히 표현하는 '감사의 법칙'을 소개합니다.

"내가 __________할 때,
네가 __________해줘서 __________했어. 정말 고마워!"

마음속으로만 고맙다고 느끼는 것은 감사가 아닙니다. 울리지 않는 종은 종이 아니고, 표현하지 않는 사랑은 사랑이 아닌 것처럼, 표현하지 않은 감사도 감사가 아닙니다. 내 마음 속에서 고맙다고 느끼면 그것으로 충분하다고 생각해 버리는 것은 온전한 감사가 될 수 없습니다. 진심으로 느끼고 있다면 감사를 구체적으로 말과 행동으로 표현해야 합니다.
　감사의 법칙을 활용하여 감사를 실천해 보세요.

"내가 울고 싶을 때, 네가 옆에서 함께 있어줘서 큰 힘이 됐어. 정말 고마워!"
"내가 책을 갖고 오지 않았을 때, 네가 흔쾌히 빌려줘서 수업을 잘 들을 수
　있었어. 정말 고마워!"

감사의 법칙을 적용하면 생활 속의 아무리 작은 감사라도 놓치지 않고 고마움을 잘 표현할 수 있게 됩니다.

[산울림의 법칙]

산에 올라가서 "야호!"하고 외쳐본 적이 있나요?
　내가 외치는 소리에 따라 반대편 산에서 메아리쳐 들려오는 소리를 순우리말로 '산울림'이라고 합니다.
　나의 외침이 메아리가 되어 돌아오듯이 내가 표현한 작은 감사는 나에게 큰 축복으로 되돌아옵니다. 지금부터 작은 감사라도 꼭 표현해 보세요. 그 작은 감사가 분명 축복이 되어 나에게 다시 돌아올 것입니다.

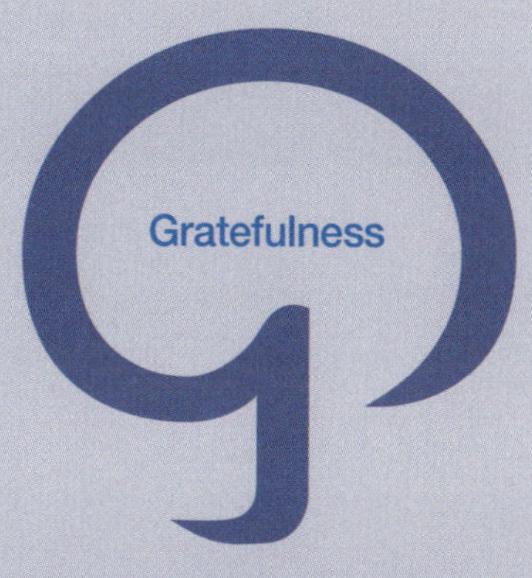

Lesson 4 – 와! 이렇게

감사할 것이 많아?

- 자신의 모든 삶과 경험에
감사하기 시작하면,
불가능해 보이는 상황에서도
행복을 경험할 수 있습니다.

매일 자신이 가진
모든 것들에 감사하라

- 페이스 볼드윈 -

세상에서 가장 사랑 받는 사람은 모든
사람을 칭찬하는 사람이요, 가장 행복한
사람은 감사하는 사람이다

- 탈무드 -

Story Telling | 오프라 윈프리의 감사

지독하게 가난한 미혼모의 아이로 태어나 어머니의 품이 아닌 할머니의 품에서 자랐습니다. 그곳에서 삼촌에게 성폭행을 당하고, 14세에 출산과 동시에 미혼모가 되었지요. 태어난 아이는 2주 만에 죽고, 충격으로 인해 소녀는 가출 후 매일매일 마약을 복용하며 지옥 같은 하루를 살았습니다. 살고자 하는 의욕이 없이 107Kg의 몸무게를 가졌던 여인, 바로 미국의 유명한 방송인 오프라 윈프리(Oprah Winfrey)의 이야기입니다.

불행한 어린시절을 보낸 그녀이지만, 지금 윈프리는 모든 역경과 고난을 이겨내고 미국인들이 가장 존경하는 토크 쇼의 사회자로 인정받고 있습니다. 1억 4000만의 시청자들을 울고 웃게 하는 토크쇼의 여왕으로, 영화배우로, 6억 달러의 재력가로, 미국인이 가장 존경하는 여성으로 눈부시게 빛나는 존재가 되었습니다.

10대라는 어린 나이에 강간, 장애, 버림받음, 임신, 태아 사망 등 정신적인 충격과 극한에 내몰렸던 그녀가 이렇게 큰 성공을 거둘 수 있었던 이유는 무엇일까요?

그녀는 자신의 성공 비결을, 독서를 통해 감사하는 마음을 배웠기 때문이라고 말합니다.

윈프리는 안네 프랑크와 마야 안젤루, 헬렌켈레에게 희망이라는 단어를 선물 받았습니다.

이 세 여인 모두 버림 받고, 장애, 강간 등 깊은 고통의 상태에 있었던 인물이지요. 오프라 윈프리는 이들의 이야기를 읽고 자신보다 더 지독한 삶이 있다는 것에 큰 충격을 받았습니다. 지금까지 자신이 가장 불행하고 고통스러운 삶을 살고 있다고 생각했기 때문입니다.

윈프리는 이들의 이야기를 통해 공감하며 오열하였고, 세상을 새로운 시각으로 바라보며, 그녀들의 아픔을 통해 자신의 삶에서 감사하는 방법들을 찾아나가기 시작했습니다. 윈프리는 책을 읽고 또 읽었습니다. 그리고 감사하는 습관들을 익혀 나갔습니다.

자신의 모든 삶과 경험에 감사하자 그녀의 삶도 점점 역전되었습니다. 그녀를 옭아매고 있던 고통의 굴레, 아픔, 상처 등을 책에서 얻은 '감사의 마음'으로 극복할 수 있었습니다. 그리고 전 세계에 감사를 전파하며 많은 사람들에게 삶의 위로와 용기를 주었습니다.

윈프리는 밥 먹는 일 외에 하루도 거르지 않고 "감사의 일기"를 쓰기로 유명합니다. 그녀는 매일 감사한 일 5가지를 찾아서 일기장에 기록하지요. 절대 불가능해 보이는 환경에서 자신을 일으킬 수 있었던 것은 바로 감사일기 때문이었다고 고백합니다.

성공하는 삶을 살고 싶다면, 그리고 깨어진 관계를 회복하고 영향력 있는 사람이 되고 싶다면 그 시작의 문을 여는 '감사하는 마음' 갖기를 실천해 보세요. 세계에서 가장 바쁜 사람 중의 한 명인 윈프리가 가장 우선순위로 두었던 감사일기는 하루의 감사제목들을 생각하고 일기로 적으면서 오늘의 감사를 내일의 감사로 더 풍성하게 만드는 방법이 됩니다.

오프라 윈프리의 감사일기 쓰는 방법

1. 내 마음에 꼭 맞는 작은 노트를 준비한다.

2. 감사할 일이 생기면 언제 어디서든 기록한다.

3. 특히 저녁, 잠자리에 들기 전 하루를 생각하며 감사한 것들을 적어본다.

4. 거창한 감사의 제목을 찾기보다 일상의 소소한 감사들을 놓치지 않는다.

5. 사람들을 만날 때 그 사람으로부터의 느낌이나 만남에서 얻은 기쁨을 놓치지 않는다.

6. 나의 감사의 제목들이 종종 어떻게 변하고 있는지 점검해 본다.

오프라 윈프리가 쓴 감사의 일기 내용 중

1. 오늘도 거뜬하게 잠자리에서 일어날 수 있게 해 주셔서 감사합니다.

2. 유난히 눈부시고 파란 하늘을 보게 해 주셔서 감사합니다.

3. 점심 때 맛있는 스파게티를 먹게 해 주셔서 감사합니다.

4. 얄미운 동료에게 화내지 않도록 인내하게 해 주셔서 감사합니다.

5. 좋은 책을 읽었는데 그 책을 써준 작가에게 감사합니다.

[Think Tank]

1. 오프라 윈프리는 어떻게 자신의 어려운 환경을 감사로 바꿀 수 있었나요?

[Real Action]

1. 오프라 윈프리의 감사일기처럼 일주일 동안 감사일기를 쓰고 감사했던 이야기를 나눠 보세요.

? 성품이 궁금해요

[감사 일기장]

월 일	오늘의 5가지 감사	나의 느낌
월 일	1 2 3 4 5	
월 일	1 2 3 4 5	
월 일	1 2 3 4 5	
월 일	1 2 3 4 5	

[감사 일기장]

월 일	오늘의 5가지 감사	나의 느낌
월 일	1 2 3 4 5	
월 일	1 2 3 4 5	
월 일	1 2 3 4 5	
월 일	1 2 3 4 5	

? 성품이 궁금해요

[감사와 웃음]

감사하는 사람이 성공하고 건강한 이유는 참 잘 웃기 때문입니다. 감사하는 사람의 얼굴에는 언제나 웃음이 있지요.

최근 미국에서는 많이 웃는 사람들에게 심장병 발병이 적다는 연구 결과가 나왔습니다. 우리 몸에는 내장을 지배하는 교감신경과 부교감신경의 두 가지 자율신경이 있는데, 놀람, 불안, 초조, 짜증 등은 교감신경을 예민하게 만들어 심장을 상하게 합니다. 반면 웃음은 부교감신경을 자극해 심장을 적당히 뛰게 하며 몸 상태를 편안하게 해줍니다. 스트레스와 분노, 긴장을 완화해 두려움, 두통, 불면증, 우울증, 심장병과 같은 질병을 예방해 주는 것이지요. 웃음은 신체의 기능을 극대화시키는 좋은 방법입니다.

감사하는 사람의 웃음은 더 즐거운 경험을 하고 나와 세상과의 관계를 유지시켜 줍니다. 인간관계가 좋아지며 스트레스가 감소하고, 열정, 창의력, 건강증진에 도움이 되지요. 진정한 부자는 재산의 부유함에 있는 것이 아니라 감사하며 웃을 수 있는 능력과 시간에 있다는 사실을 기억하세요.

[웃음으로 병을 치료한 노먼 커즌스[Norman Cousins, 1912–1990]

1960년대 미국의 유명한 잡지인 '토요 리뷰'(Saturday Review)의 편집장이었던 노먼 커즌스는 주치의로부터 완쾌 확률이 1/500밖에 되지 않는 강직성 척추염을 진단받았습니다. 그리고 50세를 넘기기 어렵다는 청천벽력 같은 말을 들었지요. 목뼈와 허리뼈가 달라붙는 이 병으로 인해 노먼의 몸은 점점 로봇처럼 뻣뻣해지고 팔다리가 마비되어, 조금도 움직이기가 어려운 상황이 되었습니다. 하루하루 수면제를 먹지 않으면 잠을 청할 수 없을 정도로 견디기 어려운 고통의 나날을 보냈지요.

그러던 어느 날 TV앞에 앉아 코미디 영화를 보게 된 노먼은 그토록 심하게 자신을 짓누르던 아픔을 까맣게 잊은 채 웃고 있는 자신을 발견했습니다. 재미있는 프로그램을 보면서 웃는 동안 우울한 마음과 통증이 사라짐을 느꼈지요. 바로 웃음이 가장 좋은 치료제라는 것을 깨닫게 되었습니다.

이 일을 계기로 웃음을 통해 건강을 되찾은 노먼은 '웃음학의 아버지'라고 불리며 75세까지 수명을 연장했습니다. UCLA대학에서 웃음치료를 강의하며 일생을 바친 노먼 커즌스는, 고통 중에도 크게 웃으며 감사하는 태도가 삶 속에 얼마나 큰 기적을 가져오는지 연구하며 몸소 증명해 냈습니다.

웃음으로 감사를 표현해 보세요. 행복한 기적을 경험하게 될 것입니다.

Lesson 5 – 감사는 성공의 문

• 어려운 환경에서도
감사를 표현할 줄 아는 사람이
위대한 성공을 이루게 됩니다.

감사가 한 인생을
바꿀 수도 있다.
감사함을 말로 표현하려는
노력만 하면 된다.

-마가렛 커즌스 -

Story Telling | 카네기 처세술의 핵심은 '감사'

28세에 철강 사업을 시작하여 미국 제1의 '강철 왕'이 된 앤드류 카네기(Andrew Carnegie, 1835-1919)를 아시나요?

그는 자신의 분야에서 대 성공을 거둔 부자였지만 그 성공이 혼자서 이룬 것이 아니라 많은 사람들의 도움으로 이루어진 것을 알고 감사하면서 많은 재산을 사회에 환원한 감사의 인물입니다.

카네기는 1835년 스코틀랜드에서 손으로 옷감을 짜는 작은 공장을 운영하는 아버지 윌리엄 카네기와 어머니 마거릿 모리슨 사이에서 태어났습니다. 카네기는 어려서부터 가난한 가정형편 때문에 늘 부모님의 일을 도와드려야 했습니다. 부모님을 따라 미국 펜실베니아 피츠버그로 이민을 오게 된 후에도 사정은 나아지지 않아 학교에도 다니지 못했지요.

하지만 그는 가난하게 태어난 것을 부끄러워하거나 불평하지 않았습니다. 오히려 자신에게 주어진 일에 최선을 다했습니다. 실을 감는 방직공이었을 때는 가장 실을 잘 뽑는 사람이 되고자 노력했고, 전보배달부가 되었을 때는 가장 빠르고 정확하게 전달하는 배달부가 되도록 열심히 일했습니다. 또 열일곱 살의 나이로 전신기사가 되었을 때는 모스부호를 정확하게 파악하는 전문가가 되고자 연습에 연습을 거듭하며 맡은 일에 성실함으로 열심을 다하는 사람이었습니다.

카네기는 전보를 집집마다 직접 배달하며 하루 종일 뛰어다니는 힘든 일을 할 때도 책 읽기를 즐겨하는 소년이었습니다. 이웃에 사는 제임스 앤더스 대령이 자신의 책 500여권을 기증하여 무료도서관을 만들었다는 소식을 접했을 때, 카네기는 너무나 기뻤습니다. 앞으로 읽고 싶은 책을 마음껏 볼 수 있다는 기대감 때문이었지요. 책을 통해 얻은 지혜는 후에 그를 훌륭한 사업가로 성공시키는 중요한 밑거름이 되었습니다.

이처럼 자신의 어린시절을 모두 감사함으로 받아들인 카네기는 사업에 성공하여 부자가 된 후에 감사를 표현하는 삶을 살기로 결심했습니다. 카네기는 소년이었던 자신에게 책을 빌려준 앤더스 대령의 은혜를 잊지 않고 그를 위한 기념비를 세웠습니다. 그리고 사업 성공에 큰 힘이 되어 준 회사에도 500만 달러를 기증했습니다. 그 중 4분의 일은 종업원들을 위한 것으로 일터에서 사고를 당한 사람을 도와주거나 그들의 은퇴자금으로 사용되었고, 나머지는 종업원을 위한 도서관과 건물을 관리하는 용도로 쓰였습니다. 뿐만 아니라 그는 자신에게 사업의 터전을 마련해준 뉴욕시와 피츠버그 시에도 감사의 뜻을 전하기 위해 공공도서관을 설립했습니다.

문화 사업에도 관심을 가진 카네기는 아름다운 음악이 항상 흘러 넘치는 카네기 홀과 미술관, 박물관 등을 건립하여 많은 사람들이 문화를 즐기면서 기쁨을 누리도록 감사를 표현했습니다.

언젠가 기자가 그에게 성공의 비결을 묻자, 카네기는 이렇게 대답했습니다.
"성공하려면 자기가 아무리 어려운 처지에 놓여 있더라도 감사해야 합니다."

카네기는 그의 삶을 통해 감사할 줄 알고 감사를 표현한 위대한 인물입니다.

[Think Tank]

1. 카네기는 성공의 비결을 무엇이라고 말했습니까?

[Real Action]

1. 내 주변의 감사를 표현하지 못한 사람에게 나만의 Thank You Card를 만들어 고마움을 표현해 보세요.

? 성품이 궁금해요

[행복한 관계 맺기의 비밀]

행복한 관계 맺기(Building Bridges)의 비밀을 아시나요?
깨어진 관계를 Tape처럼 찰싹 붙게 만드는 행복한 관계 맺기의 비밀, TAPE 요법을 소개합니다.

T : Thank you = 감사하기

A : Apologizing = 용서 구하기

P : Please = 요청하기

E : Expressing = 표현하기

TAPE 요법의 T는 Thank you, 감사하기입니다. 먼저 감사한 것들을 찾아보고 감사를 표현하면 깨졌던 관계를 다시 회복할 수 있습니다.

A, Apologizing은 용서를 구하는 것입니다. 부지중에 내가 그 사람에게 무관심했던 것, 무례했던 것, 좋은 성품으로 대하지 못했던 것들에 대해 용서를 구합니다.

P, Please는 내가 잘 할 수 있도록 도와달라고 요청하는 것입니다.

E, Expressing는 내 안에 숨겨져 있던 진실한 마음을 표현하는 것입니다.

관계 맺기를 잘 하는 사람이 인생에서 성공합니다. 인생은 결국 인간관계의 연속이기 때문에 그렇습니다. 관계를 어떻게 맺느냐에 따라 내 인생이 행복해지기도 하고 불행해지기도 합니다.

상대방에게 감사하기 시작하면, 행복한 관계는 저절로 열리지요. 상대방에게 감사를 표현하는 것이 바로 행복한 관계 맺기의 비밀입니다.

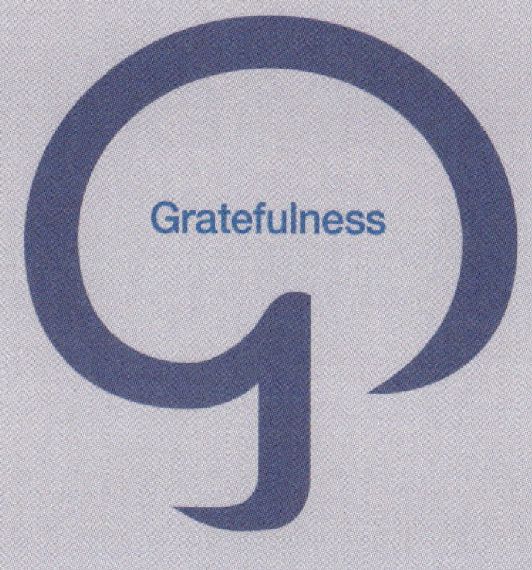

Lesson 6 - 불평 VS 감사

• 내가 가진 것들을
소중히 여기며 감사하기 시작하면,
그만큼 더 행복한 삶을
살 수 있습니다.

항상 감사하는 마음을 가져라,
당신이 현재 가진 것만으로
행복하지 않다면, 더 많이 받는다고 해도 결국
행복해지지 못한다.
작은 선물 하나라도 소중히 받아들이며,
누군가로부터 받았다는 사실을 깨닫고
감사하는 마음을 가져야 한다.

- 비키 킹 -

Story Telling | 가난한 농부의 불평

옛날에 한 가난한 농부가 살고 있었습니다. 그는 세상의 불만을 모두 갖고 있는 듯한 얼굴로 랍비를 찾아와 불평했습니다.

"선생님! 살기가 너무 힘듭니다. 우리 가족은 방 하나에 9명이 살고 있어요. 이 상황에서 제가 어떻게 해야 합니까?"

그러자 랍비가 대답했습니다.

"염소를 방 안에 들여놓고 일주일 동안 함께 지내보게."

농부가 의아한 표정으로 랍비를 쳐다보자, 랍비가 말했습니다.

"내가 말한 대로 잘 지키고 일주일 후에 오게나."

일주일 후에 그는 전보다 더 불평불만이 가득한 얼굴로 씩씩거리며 랍비를 찾아왔습니다.

"선생님! 도저히 견딜 수가 없습니다. 지저분한 염소가 집안을 온통 헤집어 놓았어요. 집이 아니라, 염소우리가 됐어요!"

그러자 남자의 말을 잠자코 듣던 랍비가 말했습니다.

"그렇게 못 견디겠으면, 이제 집에 가서 염소를 내보내고 내일 다시 나를 찾아오게."

랍비의 말대로 염소를 방 안에서 내보낸 농부는, 다음날 날이 밝기 무섭게 랍비를 찾아왔습니다. 이번에는 아주 환한 얼굴로 랍비에게 말했지요.

"선생님! 천국이 따로 없습니다. 염소를 내보내고 우리 9명만 있으니 정말 행복합니다."

감사의 성품을 소유하기 위해서는, 내가 가진 모든 것들(사람, 물건, 어려움)에 만족하며 소중히 여기는 태도가 필요합니다. 오늘날 비극은 내가 가지고 있는 것들을 하찮게 여기고 불평하는 데서 비롯되었지요.

가난한 농부처럼 감사하지 않고 불평만 늘어놓으면 결코 문제를 해결할 수 없답니다. 감사함이 없으면 갈등을 막을 길이 없지요. 불만이 터져 나오고 비교하면서 내가 가지고 있는 것들을 오히려 하찮게 여기며 평가절하하게 되는 것입니다.

감사의 눈으로 나와 사람들, 그리고 환경을 바라보세요. 사실은 불평거리라고 생각했던 것들도 다시 들여다보면 큰 감사거리일 때가 많습니다. 내가 가진 것들을 소중히 여기며 감사하면, 꼭 그만큼 더 행복한 삶을 살 수 있습니다.

[Think Tank]

1. 감사할 수 있는 것들을 감사로 알지 못하고 불평하며 원망하지는 않았는지 생각해
   보세요.

 **Story Telling | 벼룩도 감사한 코리 텐 붐**

코리 텐 붐(Corrie Ten Boom, 1882-1983)을 아시나요?

그녀는 제2차 세계대전 때 독일의 포로수용소에서 감격적으로 살아 나와, 수용소에서의 생활을 수기로 기록한 역사적 증인입니다. 처참한 감옥생활을 하면서 그야말로 인간이 당할 수 있는 모든 종류의 고통을 겪었지요.

열악한 감방의 환경은 벌레도 살아남기 힘든 생지옥 그 자체였습니다. 그러나 코리 텐 붐을 가장 괴롭힌 것은 추위도, 고문도, 굶주림이나 헐벗음도 아니었습니다. 바로 감방에 득실거리는 '벼룩'이었습니다. 매일 밤 코리는 벼룩들과 사투를 벌이다가 절망에 지쳐 잠이 들곤 했지요. 벼룩이 너무 기승을 부려 갇혀있는 죄수는 물론 지키는 간수들조차도 견디기 어려운 상황이었습니다. 벌레를 유난히 싫어했던 그녀는 수용소 안에서 몰래 책을 읽던 중 '항상 기뻐하라(데살로니가전서 5:16)'는 문장에 대해 깊은 생각에 빠졌습니다.

'어떻게 항상 기뻐할 수 있지? 이렇게 벼룩이 나를 괴롭히는데…'

그런데 어느 날 코리는 한 환자를 데리고 의무실로 가는 도중 우연히 독일군들이 대화하는 것을 듣고 벼룩에도 감사해야 하는 이유를 알게 되었습니다.

"저 감방 안에는 벼룩이 너무 많아. 근처에 가지 말고 밖에서 슬슬 지키자."

그녀는 이 말을 듣고 그 동안의 원망과 불평을 다 지워버렸습니다.

'아. 벼룩 때문에 잔혹한 독일군들이 감방에 접근하지 않을 수 있었구나!'

코리는 전쟁이 끝난 후 수용소에서 나와 당시의 상황을 회상하면서, 벼룩 덕분에 감방 안에서도 독일군을 피해 자유를 누리며 감사할 수 있었다고 고백했습니다.

우리의 생활을 돌아볼 때 도저히 감사할 수 없다고 생각되는 고난(질병, 물질의 어려움, 증오, 슬픔, 배신, 분노 등)이 있나요? 벼룩도 감사할 수 있었던 코리 텐 붐처럼 자신이 감사 할 수 없었던 일들을 다시 한 번 깊이 생각해보는 지혜가 필요합니다.

감사하는 마음으로 감사를 표현하면서 감사의 인생을 살아갈 때, 삶의 고통을 축복으로 역전시킬 수 있는 기회를 만날 수 있답니다.

[Real Action]

1. 내가 도저히 감사할 수 없다고 생각하는 것들은 무엇인가요? 코리 텐 붐이 벼룩도 감사할 수 있었던 비결을 찾아 옆 사람과 이야기를 나눠 보세요.

? 성품이 궁금해요

[감사의 유익]

감사하면 어떤 유익이 있나요?

감사할 수 있는 사람은 더 많은 축복을 누리게 됩니다. 늘 부족하다고 생각하는 사람에게는 감사보다는 불평이 있게 마련입니다. 부족한 가운데서도 감사한 것을 찾아내는 사람에게는 늘 풍성함이 따라옵니다.

감사하는 사람은 지도자가 됩니다. 사람들은 감사하는 사람을 더 좋아합니다. 그래서 감사하는 사람의 주변에는 늘 사람들이 함께 있습니다. 지도자의 자격은 어려움 속에서도 감사할 수 있는 것이랍니다.

감사하는 사람의 얼굴에는 언제나 웃음이 있습니다.
불평하는 사람은 짜증난 얼굴이 됩니다. 얼굴 표정은 나중에는 고치기가 어렵습니다. 웃음은 모든 질병을 고치는 힘이 있습니다. 그래서 날마다 웃는 사람은 건강하게 오래오래 살 수 있답니다.

감사하면 기쁨이 넘칩니다.
감사하면 항상 웃게 됩니다.
감사하면 우울한 마음이 사라집니다.
감사하면 우리 몸에 좋은 호르몬이 생겨 건강해집니다.
감사하면 걱정거리가 사라집니다.
감사하면 좋은 친구가 될 수 있습니다.
감사하면 불평하는 마음이 사라집니다.
감사하면 만족하게 됩니다.
감사하면 사랑할 수 있습니다.
감사하면 내 것을 함께 나눌 수 있습니다.
감사하면 매일 매일이 새로워집니다.
감사하면 오늘 하루가 즐거워집니다.

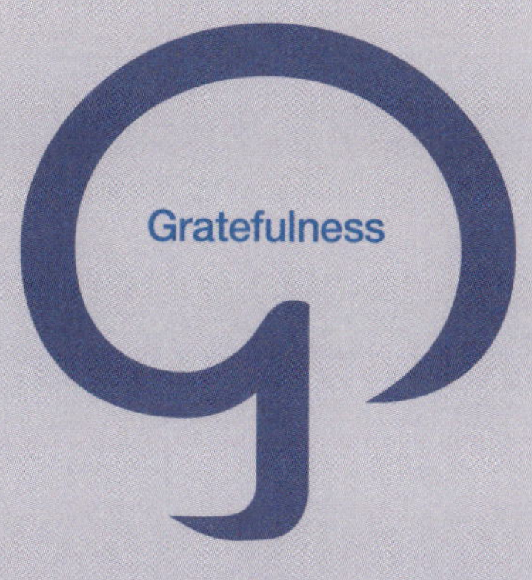

Lesson 7 – 감사의 조건

• 학교에 다니고, 시험을 보고,
공부를 할 수 있는 당신은
이미 축복 받은 사람입니다.

가장 축복받는 사람이 되려면
가장 감사하는 사람이 되라

- 캘빈 쿨리지 -

 Story Telling | 지구가 100명의 마을이라면

〈지구가 100명의 마을이라면〉의 저자 데이비드 스미스(David Smith)는, 63억의 세계인구를 100명으로 축소하여 한 마을로 비유하고 그 안에서 갖는 의미들에 대해 이야기했습니다.

지구가 100명의 마을이라면, 52명은 여자이고 48명은 남자입니다.

학교에 다녀야 할 나이의 어린이 수는 38명입니다. 하지만 이 중에서 31명만이 학교에 가서 글을 읽고 쓰는 법을 배우지요. 나머지 어린이들은 다닐 수 있는 학교조차 없습니다. 어떤 어린이들은 논과 밭, 공장에서 가족의 생계를 위해 일을 해야 합니다.

100명 중 24명은 항상 충분한 음식을 먹습니다. 16명은 가끔 배고픔을 느끼고, 34명은 항상 먹을 것이 부족합니다. 그리고 26명은 극심한 영양실조로 고통을 받지요. 지구가 100명의 마을이라면, 75명만이 집과 가까운 곳에서 안전하고 깨끗한 물을 마실 수가 있습니다. 나머지 25명은 물을 얻기 위해 많은 시간을 물을 긷는데 씁니다.

20명은 하루에 1달러도 안되는 돈으로 살아가야 하고, 24명은 전기가 없는 곳에서 살고 있습니다. TV를 볼 수 있는 사람은 24명 뿐이며, 컴퓨터를 가진 사람은 7명, 단 한 명만이 대학교육을 받습니다.

만약 고통, 체포, 고문, 심지어 죽음의 공포 없이 매주 종교의 신념을 지킬 수 있다면, 지구상의 30억 인구가 누리지 못하는 행운을 누리고 있는 것입니다. 다른 사람들의 손을 잡아주고, 안아주고, 어깨를 토닥여 줄 수 있는 사람이라면 역시 축복받은 사람이지요. 그리고 이 글을 읽을 수 있는 사람이라면, 지구상의 글을 읽지 못하는 20억 인구보다 축복받은 것이랍니다.

감사란, 다른 사람이 나에게 어떤 도움이 되었는지 인정하고 말과 행동으로 고마움을 표현하는 것(좋은나무성품학교 정의)입니다. 어떤가요? 현재 내게 주어진 것들을 충분히 감사하고 있습니까? 감사의 조건이 채워질 때만 감사하고 있지는 않은지 자신을 돌아보세요.

지금 내가 괴롭다고 생각한 일들이 사실은 많은 사람들이 누리지 못하고 있는 축복임을 알아야 합니다. 학교에 다니고, 시험을 보고, 공부를 하는 것이 고통이 아니라 축복이라는 것을 깨닫고 시간과 경험들을 소중히 여겨야 하지요. 감사의 조건을 찾기보다, 더 좋은 감사의 표현을 찾는 자세가 필요합니다.

[Think Tank]

1. 지금 내가 괴롭다고 생각했던 일들(학교, 공부, 관계 등)이 얼마나 큰 축복인지 생각해 보세요.

[Real Action]

1. 감사의 대상을 찾아 감사를 표현해 보세요. 나라와 지역을 위해 수고하는 기관의 리스트를 작성하고, 감사를 표현할 수 있는 구체적인 방법을 찾아 보세요.

1) _______________________________________

____

2) _______________________________________

____

3) _______________________________________

____

4) _______________________________________

____

5) _______________________________________

____

[감사의 성품매너 – 성품인사]

성품인사란, 다른 사람을 존중하는 마음을 담아 말과 행동으로 표현하는 매너입니다.

성품인사의 4가지 포인트

첫째, 인사는 내가 먼저!
둘째, 인사는 눈을 마주치며!
셋째, 인사는 밝고 명랑하게!
넷째, 인사할 때 긍정적인 말을 덧붙이는 것입니다.

다양한 성품인사법

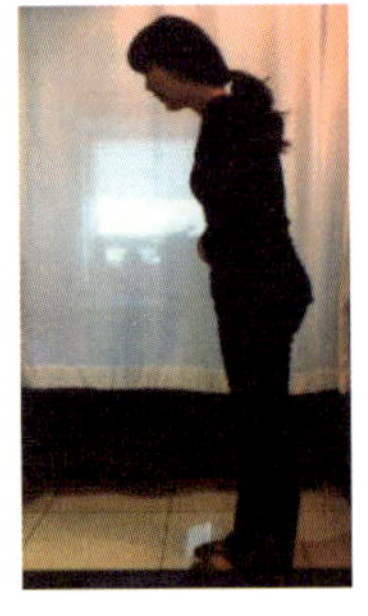

15도 : 목례(눈인사)
가벼운 인사. 엘리베이터, 화장실
, 복도 등 좁은 장소에서 자주 만날
때.
친한 친구 사이

30도 : 보통 인사
일상생활에서
어른이나
선배를 만날 때

45도 : 정중한 인사
손님을 맞이하거나
배웅할 때 감사나
사과의 뜻을 표할 때

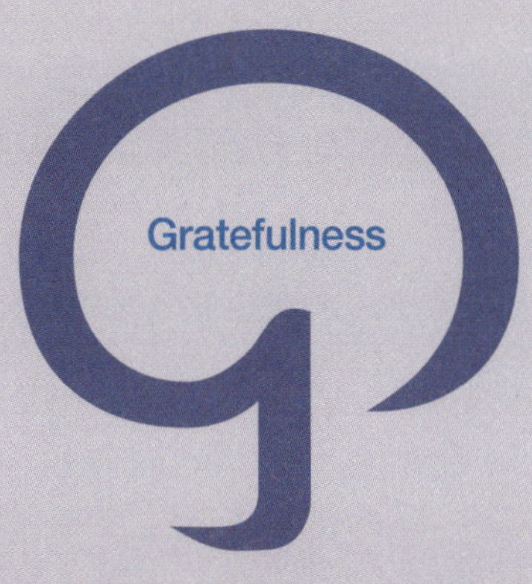

Lesson 8 – 영화 속 감사

• 울리지 않는 종은 종이 아니고,
표현하지 않는 사랑은
사랑이 아닌 것처럼,
표현하지 않은 감사도 감사가 아닙니다.

감사하는 것은
우리의 마음 속에 있는 좋은 것을
기억하는 것이다

-장 마시외 -

Story Telling | 홀랜드 오퍼스(Mr. Holland's Opus)

위대한 교향곡을 작곡하겠다는 꿈을 가진 글렌 홀랜드는 존 F 케네디 고등학교에 교사로 부임합니다. 그리고 그곳에서 음악선생님으로서 학교의 오케스트라도 지도하게 되었지요. 여유로울 거라 생각했던 것과는 달리, 학교생활에 전혀 무관심한 학생들과 빽빽한 시간표에 홀랜드는 점점 싫증을 느끼며 불평과 불만이 많아졌습니다. 의무적으로 아이들을 대하는 홀랜드의 태도에 학생들도 신뢰를 잃고 지쳐만 갔지요.

그러던 와중에 홀랜드는 아내의 임신을 계기로, 좀 더 나은 사람, 좀 더 좋은 선생님이 되기로 결심합니다. 딱딱한 수업 대신 학생들이 좋아하는 음악을 응용하여 가르치면서, 꿈이 없는 학생들이 음악을 통해 희망을 가지도록 인내하며 이끌어 주었습니다. 음악에 관심을 갖기 시작한 학생들은 홀랜드의 노력 덕분에 음악과 교감하면서 꿈과 희망을 찾아나갔습니다. 홀랜드와 학생들은 스승과 제자로서의 끈끈한 우정과 신뢰를 쌓으며 하나가 되었지요.

어느 덧 30년이라는 세월이 흘러 학교 교장선생님의 은퇴식이 있던 날, 제자들은 인내와 사랑으로 자신들을 가르쳐 준 홀랜드를 위해, 홀랜드가 직접 작곡한 교향곡 'An American Symphony'를 연주함으로 감사를 표현합니다. 이 교향곡은 홀랜드가 30년 동안 자신이 가르쳐 왔던 제자들을 위해 만든 교향곡이었지요. 학생들의 심포니 연주가 있기 전, 그 자리에 함께 참석한 주지사 역시 강단에 서서 홀랜드를 향해 이렇게 말했습니다.

"홀랜드 선생님은 저를 비롯한 많은 사람들의 인생에 영향을 주셨습니다. 주위를 둘러 보세요. 선생님 덕분에 우리는 모두 훌륭하게 성장했습니다. 우리가 선생님의 교향곡이지요. 우리가 선생님 작품의 멜로디이자 음표이자 음악입니다. 홀랜드 선생님, 감사합니다. 이제는 저희가 선생님께 감사를 표현할 차례입니다."

한편, 학교에서 명성이 높은 홀랜드는 가정에서는 가족과 갈등의 시간을 보내고 있었습니다. 아들 콜이 청각장애라는 것을 알게 된 후부터, 음악에 대해 아들과 대화하는 것을 포기했기 때문이지요. 콜은 그런 아버지에게 저항하며 도움을 구합니다. 아들의 진심을 알게 된 홀랜드는 그동안 자신이 콜에게 보여준 사랑과 관심의 표현이 잘못되었음을 깨닫고 깊이 반성하게 되었습니다.

아들에게 마음을 연 홀랜드는 그 무렵 아들이 다니는 농아학교 음악축제에 참석해 아들 콜에게 노래를 바칩니다. 아들에게 수화를 통해 온 몸으로 사랑과 감사를 표현했지요. 아버지의 마음을 알게 된 콜은 아버지와 같은 교육자가 되기로 결심하고, 훌륭한 교육자가 되었습니다. 아버지에 대한 콜만의 감사의 표현이었습니다.

　홀랜드는 자신의 제자들과 아들을 향한 감사를 음악으로 승화시켰습니다. 제자들을 통해 사랑과 감사를 깨닫고, 30년에 걸쳐 만든 교향곡을 제자들에게 바침으로 감사를 표현하는 한편, 장애를 가지고 태어난 아들 콜에게 온 몸으로 노래를 선물하며 아들의 존재에 대한 감사를 표현했습니다.

　감사란 다른 사람이 나에게 어떤 도움이 되었는지 인정하고 말과 행동으로 고마움을 표현하는 것(좋은나무성품학교 정의)입니다. 우리 역시 주변을 돌아보아 감사할 대상을 찾아보고 나만의 방법으로 감사를 표현해보면 어떨까요?

[Think Tank]

1. 글렌 홀랜드, 제자들 그리고 아들은 서로에 대한 감사를 어떻게 표현했나요?

[Real Action]

1. 영화 '홀랜드 오퍼스'를 보고 감상댓글을 달아보세요.

⇒ _______________________________________

⇒ _______________________________________

2. 내 주변에 있는 감사의 대상에게 자신만의 독특한 방법으로 감사를 표현해 보세요.

3. 감사의 음악회를 열어 보세요.

? 성품이 궁금해요

[감사를 표현하는 특별한 날 – 감사의 축제]

세계 여러 나라 사람들은 감사를 어떻게 표현할까요? 각국의 다양한 감사 축제에 대해 알아보세요.

• 미국의 추수감사절(Thanks Giving Day) - 첫 수확을 신에게 바쳐 감사를 표현한 일에서부터 비롯된 국민적 축제

• 인도의 퐁갈(Pongal) 축제 – 중남부의 인도 사람들이 한 해 동안 수고해 얻은 풍성한 추수에 대해 감사하는 축제

• 대학민국의 추석(한가위) – 햇과일과 햇곡식을 가족, 친지들과 나누면서 한 해 농사의 결실을 감사하는 축제

• 일본 벳푸[別府] 온천 축제 - 일본 오이타현[大分縣] 벳푸[別府]에서 풍부한 온천으로 인해 몸과 마음을 건강하게 기를 수 있음에 감사하는 축제

• 독일의 포도 축제 – 여름부터 가을에 이르기까지 한 해 농사에 감사하는 뜻으로 포도가 많이 열리는 독일 라인강, 마인강, 모젤강 일대에서 7-10월에 열리는 축제

• 프랑스의 망통 레몬 축제 – 유럽 대륙에서 레몬 생산량이 1위인 도시 망통에서 1934년에 처음 시작된 행사로, 맛과 질이 좋은 레몬의 수확을 감사하는 축제

• 멕시코의 세르반티노(Cervantino) 축제 - 1927년 돈키호테의 작가 세르반테스를 기념하며 위대한 고전에 대해 감사를 표현하기 위해 시작된 행사로, 세계문화유산으로도 등재된 축제

세계 여러 나라에서 열리는 감사 축제에 대해 더 자세히 알아보고, 감사를 표현하는 나만의 특별한 날을 계획해 보세요.

Appendix – 부 록

좋은 성품은 좋은 책을 통해 배울 수
있습니다.
나의 생각, 감정, 행동을
변화시킬 수 있는
좋은 책들을 읽고 기록해 보세요.

성품독서기록장

읽은 날		읽은 페이지	
책 제목			
책 속의 보물 (가장 기억에 남는 한줄)			
오늘 내 삶에 적용할 감사의 태도			

읽은 날		읽은 페이지	
책 제목			
책 속의 보물 (가장 기억에 남는 한줄)			
오늘 내 삶에 적용할 감사의 태도			

읽은 날		읽은 페이지	
책 제목			
책 속의 보물 (가장 기억에 남는 한줄)			
오늘 내 삶에 적용할 감사의 태도			

읽은 날		읽은 페이지	
책 제목			
책 속의 보물 (가장 기억에 남는 한줄)			
오늘 내 삶에 적용할 감사의 태도			

 **성품독서기록장**

읽은 날		읽은 페이지	
책 제목			
책 속의 보물 (가장 기억에 남는 한줄)			
오늘 내 삶에 적용할 감사의 태도			

읽은 날		읽은 페이지	
책 제목			
책 속의 보물 (가장 기억에 남는 한줄)			
오늘 내 삶에 적용할 감사의 태도			

읽은 날		읽은 페이지	
책 제목			
책 속의 보물 (가장 기억에 남는 한줄)			
오늘 내 삶에 적용할 감사의 태도			

읽은 날		읽은 페이지	
책 제목			
책 속의 보물 (가장 기억에 남는 한줄)			
오늘 내 삶에 적용할 감사의 태도			

성품독서기록장

읽은 날		읽은 페이지	
책 제목			
책 속의 보물 (가장 기억에 남는 한줄)			
오늘 내 삶에 적용할 감사의 태도			

읽은 날		읽은 페이지	
책 제목			
책 속의 보물 (가장 기억에 남는 한줄)			
오늘 내 삶에 적용할 감사의 태도			

읽은 날		읽은 페이지	
책 제목			
책 속의 보물 (가장 기억에 남는 한줄)			
오늘 내 삶에 적용할 감사의 태도			

읽은 날		읽은 페이지	
책 제목			
책 속의 보물 (가장 기억에 남는 한줄)			
오늘 내 삶에 적용할 감사의 태도			

성품독서기록장

읽은 날		읽은 페이지	
책 제목			
책 속의 보물 (가장 기억에 남는 한줄)			
오늘 내 삶에 적용할 감사의 태도			

읽은 날		읽은 페이지	
책 제목			
책 속의 보물 (가장 기억에 남는 한줄)			
오늘 내 삶에 적용할 감사의 태도			

읽은 날		읽은 페이지	
책 제목			
책 속의 보물 (가장 기억에 남는 한줄)			
오늘 내 삶에 적용할 감사의 태도			

읽은 날		읽은 페이지	
책 제목			
책 속의 보물 (가장 기억에 남는 한줄)			
오늘 내 삶에 적용할 감사의 태도			

성품독서기록장

읽은 날		읽은 페이지	
책 제목			
책 속의 보물 (가장 기억에 남는 한줄)			
오늘 내 삶에 적용할 감사의 태도			

읽은 날		읽은 페이지	
책 제목			
책 속의 보물 (가장 기억에 남는 한줄)			
오늘 내 삶에 적용할 감사의 태도			

읽은 날		읽은 페이지	
책 제목			
책 속의 보물 (가장 기억에 남는 한줄)			
오늘 내 삶에 적용할 감사의 태도			

읽은 날		읽은 페이지	
책 제목			
책 속의 보물 (가장 기억에 남는 한줄)			
오늘 내 삶에 적용할 감사의 태도			

성품독서기록장

읽은 날		읽은 페이지	
책 제목			
책 속의 보물 (가장 기억에 남는 한줄)			
오늘 내 삶에 적용할 감사의 태도			

읽은 날		읽은 페이지	
책 제목			
책 속의 보물 (가장 기억에 남는 한줄)			
오늘 내 삶에 적용할 감사의 태도			

읽은 날		읽은 페이지	
책 제목			
책 속의 보물 (가장 기억에 남는 한줄)			
오늘 내 삶에 적용할 감사의 태도			

읽은 날		읽은 페이지	
책 제목			
책 속의 보물 (가장 기억에 남는 한줄)			
오늘 내 삶에 적용할 감사의 태도			

성품독서기록장

읽은 날		읽은 페이지	
책 제목			
책 속의 보물 (가장 기억에 남는 한줄)			
오늘 내 삶에 적용할 감사의 태도			

읽은 날		읽은 페이지	
책 제목			
책 속의 보물 (가장 기억에 남는 한줄)			
오늘 내 삶에 적용할 감사의 태도			

읽은 날		읽은 페이지	
책 제목			
책 속의 보물 (가장 기억에 남는 한줄)			
오늘 내 삶에 적용할 감사의 태도			

읽은 날		읽은 페이지	
책 제목			
책 속의 보물 (가장 기억에 남는 한줄)			
오늘 내 삶에 적용할 감사의 태도			

성품독서기록장

읽은 날		읽은 페이지	
책 제목			
책 속의 보물 (가장 기억에 남는 한줄)			
오늘 내 삶에 적용할 감사의 태도			

읽은 날		읽은 페이지	
책 제목			
책 속의 보물 (가장 기억에 남는 한줄)			
오늘 내 삶에 적용할 감사의 태도			

읽은 날		읽은 페이지	
책 제목			
책 속의 보물 (가장 기억에 남는 한줄)			
오늘 내 삶에 적용할 감사의 태도			

읽은 날		읽은 페이지	
책 제목			
책 속의 보물 (가장 기억에 남는 한줄)			
오늘 내 삶에 적용할 감사의 태도			

성품독서기록장

| 읽은 날 | | 읽은 페이지 | |

책 제목

책 속의 보물
(가장 기억에 남는 한줄)

**오늘 내 삶에 적용할
감사의 태도**

| 읽은 날 | | 읽은 페이지 | |

책 제목

책 속의 보물
(가장 기억에 남는 한줄)

**오늘 내 삶에 적용할
감사의 태도**

| 읽은 날 | | 읽은 페이지 | |

책 제목

책 속의 보물
(가장 기억에 남는 한줄)

**오늘 내 삶에 적용할
감사의 태도**

| 읽은 날 | | 읽은 페이지 | |

책 제목

책 속의 보물
(가장 기억에 남는 한줄)

**오늘 내 삶에 적용할
감사의 태도**

성품독서기록장

읽은 날		읽은 페이지	
책 제목			
책 속의 보물 (가장 기억에 남는 한줄)			
오늘 내 삶에 적용할 감사의 태도			

읽은 날		읽은 페이지	
책 제목			
책 속의 보물 (가장 기억에 남는 한줄)			
오늘 내 삶에 적용할 감사의 태도			

읽은 날		읽은 페이지	
책 제목			
책 속의 보물 (가장 기억에 남는 한줄)			
오늘 내 삶에 적용할 감사의 태도			

읽은 날		읽은 페이지	
책 제목			
책 속의 보물 (가장 기억에 남는 한줄)			
오늘 내 삶에 적용할 감사의 태도			

참고문헌

- 『한국형 12성품교육론』 이영숙 (도서출판 좋은나무성품학교. 2011)
- 2014 문화체육관광부 우수학술도서(세종도서)
  『인성을 가르치는 학교 만들기』 이영숙 (도서출판 좋은나무성품학교. 2013)
- 2014 서울특별시교육청 정독도서관 학부모 인성도서
  『성품, 향기 되어 날다』 이영숙 (도서출판 좋은나무성품학교. 2012)
- 2014 서울특별시 교육청 정독도서관 학부모 인성도서
  『성품양육바이블』 이영숙 (물푸레. 2010)
- 2014 교보문고 내일이 기대되는 좋은 책
  『MBC와 함께 한 이영숙 박사의 인성솔루션-성품 ON』 이영숙
  (도서출판 좋은나무성품학교 2014)
- 『성품리더십워크북-감사』 이영숙 (도서출판 좋은나무성품학교. 2005)
- 『이제는 성품입니다』 이영숙 (도서출판 좋은나무성품학교. 2007)
- 『나를 찾아 떠나는 여행-성품』 이영숙 (두란노. 2007)
- 『성품 좋은 아이로 키우는 자녀훈계법』 이영숙 (두란노. 2008)
- 『성품 좋은 아이로 키우는 부모의 말 한마디』 이영숙 (예담프랜즈. 2009)
- 『이영숙 박사의 성품대화법』 이영숙 (도서출판 좋은나무성품학교. 2009)
- 『청소년 성품 리더십스쿨』 이영숙 (도서출판 좋은나무성품학교. 2009)
- 『창의로운 인성을 키우는 성품이야기-행복을 만드는 성품』 이영숙 (두란노. 2010)
- 「성품칼럼- 감사의 리더십」 이영숙 (2011)
- 『지구가 100명의 마을이라면』 데이비드 스미스 (푸른숲. 2002)